BEN BRIL
A'R
SNICHOD

David Orme

Arlunwaith gan Peter Richardson

Addasiad Cymraeg gan Gruffudd Antur

@ebol

Y fersiwn Saesneg

Boffin Boy and the Invaders from Space gan David Orme

Cyhoeddwyd gyntaf gan Ransom Publishing Cyf, Rose Cottage, Howe Hill, Watlington, Swydd Rhydychen OX49 5HB

Hawlfraint © Ransom Publishing Ltd

Hawlfraint y lluniau © Peter Richardson

Dylunio a gosod gan Macwiz.co.uk

Mae David Orme wedi datgan ei hawl dan Ddeddf Hawlfraint, Dyluniadau a Phatentau 1988 i gael ei gydnabod fel awdur y llyfr hwn. Mae Peter Richardson wedi datgan ei hawl dan Ddeddf Hawlfraint, Dyluniadau a Phatentau 1988 i gael ei gydnabod fel arlunydd y llyfr hwn.

Cedwir pob hawl

Y fersiwn Cymraeg

Addaswyd gan Gruffudd Antur

Golygwyd gan Adran Olygyddol Cyngor Llyfrau Cymru

Dyluniwyd gan Owain Hammonds

Mae'r cyhoeddwr yn cydnabod cymorth ariannol Cyngor Llyfrau Cymru

Cyhoeddwyd yn y Gymraeg gan Atebol Cyfyngedig, Adeiladau'r Fagwyr, Llanfihangel Genau'r Glyn, Aberystwyth, Ceredigion SY24 5AQ

© Atebol Cyfyngedig 2012. Cedwir y cyfan o'r hawliau. Ni chaniateir atgynhyrchu unrhyw ran o'r cyhoeddiad hwn na'i drosglwyddo ar unrhyw ffurf neu drwy unrhyw fodd, electronig neu fecanyddol, gan gynnwys llungopïo, recordio neu drwy gyfrwng unrhyw system storio ac adfer heb ganiatâd y cyhoeddwr.

Am fwy o wybodaeth am gyhoeddiadau Atebol ewch i **www.atebol.com**

Mae'r llongau gofod yma ar daith ...

O'r diwedd, daeth Trwstyn o hyd i gomed iâ enfawr ...

... a defnyddio tonnau o egni i'w gyrru tuag at blaned y Snichod ...